LA LYRE
ENCHANTÉE.

**SECONDE ENTRÉE.
DES SURPRISES DE L'AMOUR,**
Avec des Changements.

ACTEURS

APOLLON, M. Larrivée.
URANIE, Mlle Chevallier.
PARTHENOPE, *l'une des Sirénes.* Mlle Fel.
LINUS, *fils d'Apollon.* M. Lombard.
TERPSICORE,
LES MUSES,
LES SIRENNES,
SATYRES ET FAUNES.

La Scéne est au pié du Parnasse.

PERSONNAGES DANSANTS.

LA LYRE ENCHANTÉE.

Le Théâtre repréſente un Vallon champêtre, au pié du Mont-Parnaſſe, dont on voit les deux côteaux couverts de Palmiers & des Trophées qui conviennent aux Muſes & aux Arts. On voit la fontaine d'Hippocrène qui y prend ſa ſource, & ſerpente dans le Vallon. Au ſommet du Mont, paroît le Temple de l'Immortalité. On voit au milieu du Théâtre un Autel champêtre.

SCENE PREMIERE.
PARTHENOPE.

CHarme de mon vainqueur, doux accens de ma voix,
Formés avec mes yeux un ſi tendre langage,
    Qu'il puiſſe écouter mille fois
    Et mes ſermens & mon hommage.

Imités les oiseaux qui chantent dans ces bois,
Accompagnés leur chant, secondés leur ramage;
  Vous plairés d'avantage
  A l'Amant dont je suis les loix

Charme de mon vainqueur, doux accens de ma voix,
Formés avec mes yeux un si tendre langage,
  Qu'il puisse écouter m..e fois
  Et mes sermens & mon hommage.

Linus doit pour me voir s'échapper aujourd'hui :
Il vient ; mais Uranie est encore avec lui.
     Elle se retire.

SCENE II.
LINUS, URANIE.
URANIE.

ELeve & fils du Dieu, que le Pinde révere,
Quand ma voix vous appelle aux concerts d'Apollon,
  Pourquoi chercher dans ce vallon
  Et le silence & le mystere ?

LINUS.
  J'y venois rêver à l'écart.
J'ai trouvé la nature en ce séjour plus belle ;

Pour mieux vous imiter je me conduis par elle ;
Et pour être digne de l'art,
J'en viens consulter le modele.

URANIE.

Prenés un vol plus glorieux ;
Venés lire avec moi dans les secrets des Dieux.

Chantés, Linus, chantés la faveur éclatante
Du Dieu qui brille aux yeux de l'univers.
Célébrés ses exploits divers ;
Les Titans renversés, & la rage mourante
Du Serpent qui souilloit les airs.

LINUS.

Ce sublime essor m'épouvante.
C'est l'amant d'Issé que je chante.

URANIE.

Ce penchant aux douces erreurs
Annonce déja la tendresse.
Gardés-vous, gardés-vous sans cesse
Du piége des folles ardeurs.

S'il est des Dieux que l'amour blesse,
C'est un jeu dont ils sont vainqueurs,
Sans qu'il en coûte à leur sagesse ;

LA LYRE

Au lieu qu'à l'humaine foiblesse
Il coûte le repos des cœurs.
Gardés-vous, gardés-vous sans cesse
Du piége des folles ardeurs.

LINUS.

On peut chanter l'Amour sans ressentir sa flâme.
J'aime à peindre ses jeux, sans éprouver ses fers ;
Il fait le charme de mes airs,
Sans faire encor le tourment de mon âme.
Je craindrai toûjours ses rigueurs :
Rassurés-vous, Déesse.

URANIE.

Gardés-vous, gardés-vous sans cesse
Du piége des folles ardeurs.

(*On entend une brillante symphonie. Uranie se retire. Parthenope arrive, la Lyre à la main, suivie de Satyres & de Faunes ses éleves, qui l'accompagnent en dansant.*)

SCENE III.
PARTHENOPE, SATYRES, ET FAUNES.

PARTHENOPE.

Venés tous écouter ma Lyre.
Avec elle, écoutés mes chants.
L'Amour en forme les accens,
Et c'est le plaisir qu'elle inspire.

LES CHŒURS

Ecoutons, écoutons sa Lyre.
L'Amour en forme les accens,
Et c'est le plaisir qu'elle inspire.

SCENE IV.
LINUS, PARTHENOPE.
PARTHENOPE.

Linus, que vous tardiés à répondre à ma voix !
Les Muses que je crains, ont sur vous trop d'empire.

LINUS.

Les Muses sur mon âme ont d'inutiles droits.
Les trouverois-je ailleurs, ces charmes que je vois ?
Cette voix que j'adore, où pourois-je l'entendre ?

PARTHENOPE.

Ah ! Si vous l'écoûtés, vous la rendrés plus tendre.

LINUS.

Non, je n'écoûterai que vous.

PARTHENOPE.

Quel sera mon bonheur extrême !
Ah Dieux, que mes chants seront doux !
Chacun de mes accents dira que je vous aime.

LINUS.

Quel sera mon bonheur extrême !

PARTHENOPE.

Chanterés-vous de même ?

LINUS.

Je chanterai de même.
Chacun de mes accents dira que je vous aime.

ENSEMBLE.

Je n'aimerai, ne chanterai, n'écoûterai que vous.

LINUS.
Laiſſons murmurer la ſageſſe.
PARTHENOPE.
Laiſſons gronder les jaloux.
ENSEMBLE.
Livrons-nous à la tendreſſe.
Aimons-nous, aimons-nous.

PARTHENOPE.
Les Muſes condamnent ſans-ceſſe
Les Syrenes, & leur amour.
Je veux qu'Uranie à ſon tour
En éprouve toute l'ivreſſe.
LINUS.
Perdés un inutile eſpoir.
PARTHENOPE.
Par un enchantement plus doux que redoutable,
Je veux de cette Lyre augmenter le pouvoir.
Rendons le charme inévitable.

Vous, dont les chants mélodieux
Enchaînent les mortels, & ſoûmettent les Dieux,
De l'empire des ſons Aimables ſouveraines,

LA LYRE

O puissantes Syrennes,
Unissés vos charmes vainqueurs ;
Venés, enchantés cette Lyre :
Que le plus sauvage des cœurs
L'entende, y réponde, & soûpire.

SCENE V.

PARTHENOPE, LINUS, SYRENNES, qui arrivent en dansant, CHŒUR DE SYRENNES.

PARTHENOPE avec les CHŒURS.

Lyre des Amours,
Lyre enchanteresse,
Prête à la tendresse
Ton divin secours,
Lyre des Amours,
Soûmèts la sagesse ;
Triomphe toûjours.

PARTHENOPE.

Volupté des âmes,
Tes sons ravissants
Seront plus puissants

ENCHANTÉE.
Que les traits de flâmes
Qui charment nos sens.
LES CHŒURS.
Lyre enchanteresse,
Lyre des amours,
Prête à la tendresse, &c.

On danse.
PARTHENOPE.
Ecoutons, écoutons. D'un doux frémissement
Ces cordes retentissent....
Quels doux accords s'unissent !
Quel concert charmant !...
Que nos voix applaudissent
Au plus heureux enchantement.
LES CHŒURS.
Que nos voix applaudissent
Au plus heureux enchantement.

On danse.
PARTHENOPE.
Il suffit : dans ces Bois que chacun se retire.
Uranie en ces lieux va presser son retour :
Elle y trouvera cette Lyre :
Pour mieux jouir de son martyre,
Cachons-nous. Elle vient.

SCENE VI.
URANIE, seule.

C'Est ici le séjour
Où Linus se plaît davantage.
Je le croyois sous cet ombrage...
Quelle Lyre éclatante a frappé mes regards !
Linus peut-être au Dieu des Arts
Aura consacré cet hommage.

Voyons... En la touchant amusons nos loisirs.

(Uranie touchant cette Lyre, est étonnée du prélude qu'elle entend, & qui lui inspire aussitôt des chants d'Amour.)

» Douce volupté d'un cœur tendre,
» Triomphés de tous les plaisirs....

(Uranie s'arrête avec surprise.)

Ah, Dieux ! Que me fait-elle entendre !..
Mais je crains peu de m'y laisser surprendre :
Ce sont de vains accords qu'emportent les Zéphirs.

» Douce volupté d'un cœur tendre,
» Triomphés de tous les plaisirs.

Quels sons touchants ! Je devrois les suspendre...

Linus, mon cher Linus, quelle ardeur de te voir
Brûle mon âme impatiente !

Trop d'intérêt pour toi commence à m'émouvoir,
Et mon amitié m'épouvante.

(*Après avoir rêvé quelque-tems, elle touche encore cette Lyre, qui rend des sons plus gais.*)

» La sagesse est de bien aimer,
» Et d'aimer toûjours sans partage.

» On est heureux si l'on peut s'enflâmer ;
» Si l'on est constant on est sage.

» La sagesse est de bien aimer,
» Et d'aimer toûjours sans partage.

(*Après un moment de silence.*)

Je le sens bien, Linus, le bonheur de mes jours
Seroit de t'adorer toûjours.

(*Elle s'arrête avec étonnement.*)

L'adorer.... moi ? Qu'ai-je dit ? je l'ignore.
Ma raison interdite accuse mes discours ;
Et mon cœur les répéte encore....

SCENE VII.
APOLLON, URANIE, PARTHENOPE, LINUS.
URANIE.

O Ciel! c'eſt Appollon qui deſcend en ces lieux.
Comment dérober à ſes yeux
Le feu qui me dévore ?
APOLLON.
Muſe, rougiſſés moins d'un piége de l'Amour,
Ce Cieu pour vous ſoûmettre enchanta cette Lyre;
Sortés de ce délire;
Et de votre raiſon célébrés le retour.
URANIE.
Dieu cruel, ennemi trompeur,
Qu'il m'eſt doux de briſer ta chaîne,
Et de rire de mon vainqueur!
Tu vois que ta ſurpriſe eſt vaine :
Fui, Fui pour jamais de mon cœur.
Dieu cruel, ennemi trompeur,
Qu'il m'eſt doux de briſer ta chaîne !

(Uranie apperçoit Linus & Parthenope.)

Que vois-je ?
APOLLON.
De Linus j'ai couronné l'ardeur.

SCENE

SCENE DERNIERE.
LES ACTEURS de la Scêne précédente,
Muses, Syrennes, Satyres et Faunes,

APOLLON.

Accourés, Muses & Syrennes,
En faveur de mon fils faites cesser vos haînes,
Venés, unissés-vous pour chanter son bonheur.

(Aux Muses.)

Sçavantes filles de mémoire,
Elevés vos sons jusqu'au Cieux :
Chantés les Héros & les Dieux.

CHŒUR DES MUSES.

Elevons nos chants, jusqu'au Cieux :
Chantons les Héros & les Dieux.

APOLLON aux Syrennes.

Nimphes, disputés la victoire
Par vos conncerts mélodieux.

LA LYRE

CHŒUR DES SYRENNES.

Disputons la victoire.
Par nos concerts mélodieux.

APOLLON.

(aux Syrennes.) (aux Muses.)

Vous chantés le bonheur, Vous célébrés la gloire
Des Mortels & des Dieux.

CHŒUR des MUSES & des SYRENNES.

LES SYRENNES. LES MUSES.

Nous chantons le bonheur, Nous célébrons la gloire

ENSEMBLE.

Des Mortels & des Dieux.

APOLLON.

Par vos danses & par vos jeux
Disputés encor la victoire.

Combat de la danse de Terpsicore & d'une Syrenne, suivi du Ballet dans le même caractère.

APOLLON, *tenant deux Couronnes à la main.*

(à Terpsicore.)

Que vos pas sont legers ! Que vos jeux sont brillants!

ENCHANTÉE,

(à la Syrenne.)

Des douces voluptés votre danse est l'image.
Partagé mon hommage :
Je couronne tous les talents.

(Il donne une couronne de Laurier à chacune d'elles.)

Les Satyres & les Faunes se joignent aux Muses & aux Syrennes, & terminent cette entrée par un Ballet général.

FIN DE L'ACTE.

www.ingramcontent.com/pod-product-compliance
Lightning Source LLC
Chambersburg PA
CBHW061525040426
42450CB00008B/1804